Le Renard et la Cigogne.

l'Âne et le Chien.

Le Renard et le Bouc.

ABÉCÉDAIRE
DU PETIT FABULISTE,

OU

LEÇONS DE LECTURES

AMUSANTES ET INSTRUCTIVES,

PRÉCÉDÉ

1° De toutes sortes d'Alphabets,
2° D'un petit modèle de bonne conduite,
3° De maximes de morale,
4° Des premiers principes de l'écriture, par un professeur.
5° De petites leçons de calculs très-faciles,
6° D'une idée de l'univers, de la géographie et de l'histoire, à la portée des plus petits enfans ; orné de beaucoup de figures.

PARIS.

LANGLUMÉ ET PELTIER, RUE DU FOIN SAINT-JACQUES, N° 11.

ON TROUVE,

A la même librairie, un grand assortiment de livres de piété et d'éducation. Le tout à des prix très modérés.

Imprimerie de J. Gratiot, rue du Foin Saint-Jacques, n° 18, Maison de la Reine Blanche.

ALPHABET EN LETTRES CAPITALES

A	B
C	D
E	F
G	H

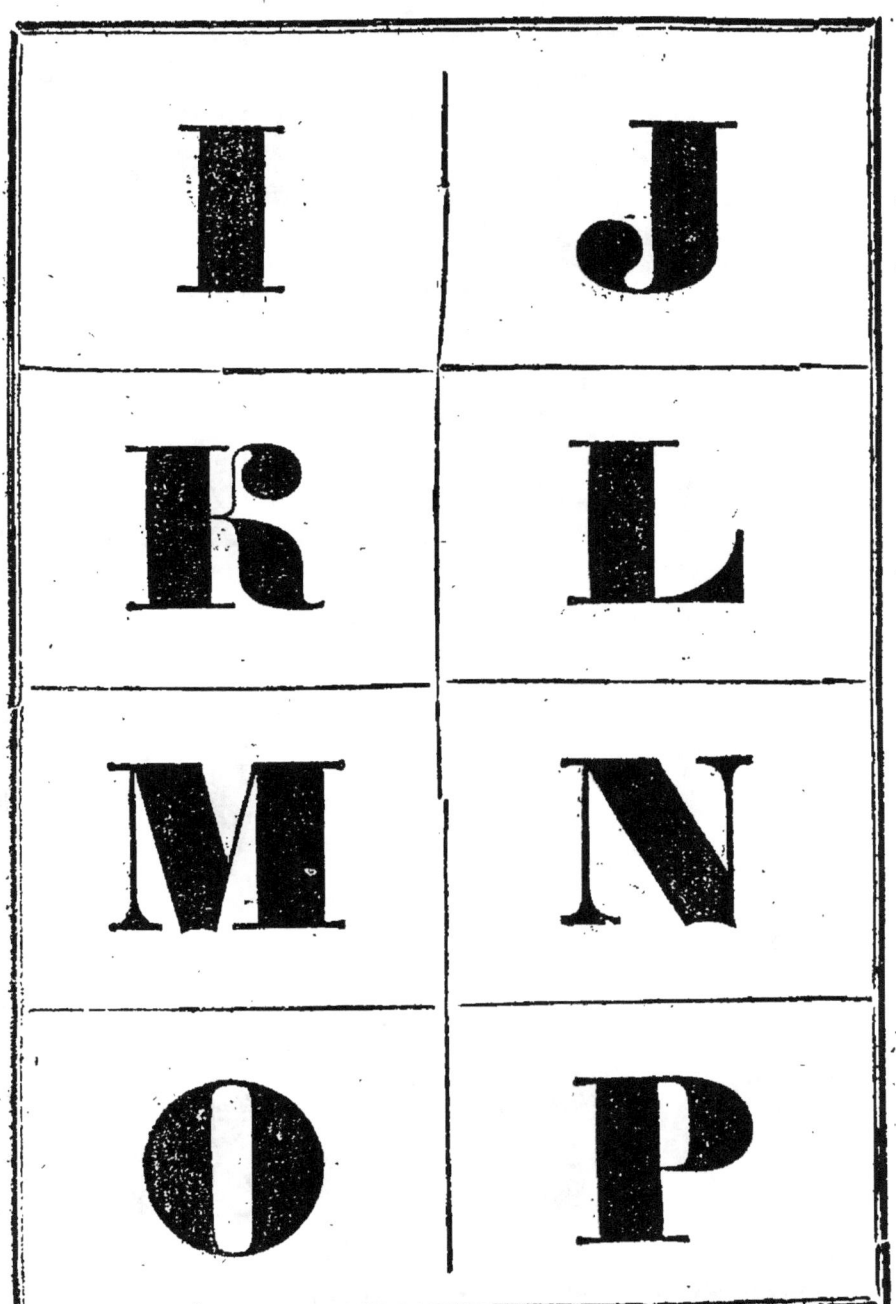

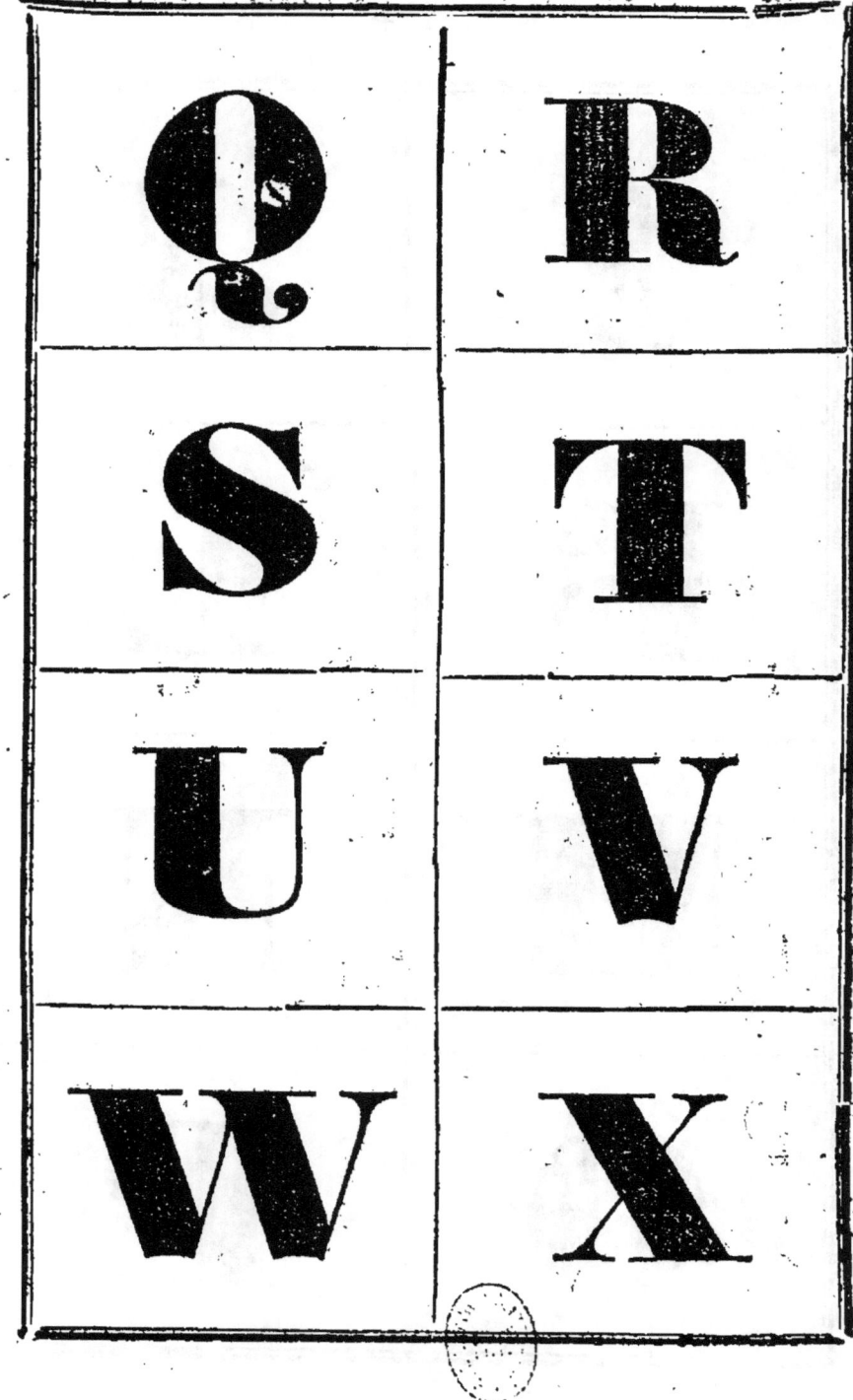

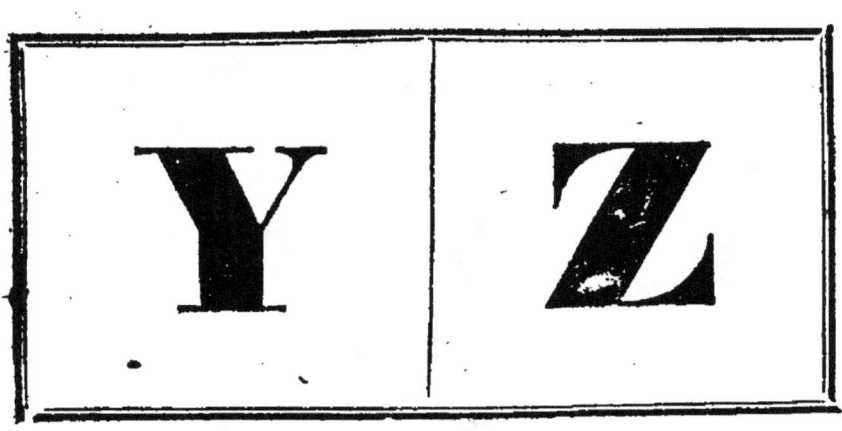

Alphabet en caractères Romain.

a b c d e
f g h i j
k l m n o
p q r s t
u v x y z.

Alphabet en caractère Italique.

a b c d

e f g h

i j k l

m n o p

q r s t

u v x y z.

Alphabet en caractères d'Écriture.

BATARDE.

a	b	c	d	e	f	g	h
i	k	l	m	n	o	p	q
r	s	t	u	v	x	y	z.

COULÉE.

a	b	c	d	e	f	g	h
i	k	l	m	n	o	p	q
r	s	t	u	v	x	y	z.

RONDE.

a	b	c	d	e	f	g	h
i	k	l	m	n	o	p	q
r	t	u	v	x	y	z	

Lettres doubles.

æ œ fi ffi fl ffl ff w.
æ œ fi ffi fl ffl ff w.
œuf, bœuf, œil.

Voyelles.

a e i ou y o u.

Syllabes.

ba be bi bo bu
ca ce ci co cu
da de di do du
fa fe fi fo fu
ga ge gi go gu
ha he hi ho hu

ja	je	ji	jo	ju
ka	ke	ki	ko	ku
la	le	li	lo	lu
ma	me	mi	mo	mu
na	ne	ni	no	nu
pa	pe	pi	po	pu
qua	que	qui	quo	qu
ra	re	ri	ro	ru
sa	se	si	so	su
ta	te	ti	to	tu
va	ve	vi	vo	vu
xa	xe	xi	xo	xu
za	ze	zi	zo	zu.

Mots divisés par Syllabes.

pa pa.
ma man.
fan fan.
do do.
jou jou.
tou tou.
mi mi.
chou chou.
bon bon.
din don.
pan pan.

pâ té.
se rîn.
vo lan*t*.
a mi.
pa vé.
ga zon.
cou teau.
bo*n* net.
cha peau.
cor don.
la cet.

*On a mis en italique les lettres qui ne se prononcent pas et ne sont qu'orthographiques.

sou lier.
cou sin.
voi sin.
jar din.
ha bit.
poi son.
bal lon.
bâ ton.
por trait.
ta bleau.
mar chand.

ge nou.
a bri cot.
ce ri se.
ba lan ce.
ar ti chaut.
ma da me.
car ros se.
ca lot te.
ser vi teur.
pa ra sol.
a mi tié.
gé né ral,

bil bo quet.
fa ci li té
vi va ci té
ba di na ge
cou ver tu re
é tour de rie
a mu se ment
en tê te ment
heu reu se ment
en chan te ment
im po li tes se
il lu mi na ti on.

in vi si ble ment.
pi to ya ble ment.
con for mé ment.

La ro se em bau me ; le char don pi que ; l'é pî ne bles se.

Le mou lin tour-ne ; les char bons brû lent.

Les mou tons ont qua tre jam bes ; ils mar chent.

Les moi neaux ont deux pat tes et deux ailes ; ils vo lent.

Les car pes n'ont ni jam bes ni ai les ; el les ont des na- geoi res, et vivent dans l'eau.

Les li ma çons se ren fer ment dans leur co quil le.

Vo yez le ciel bril lant d'é toi les, la ter re cou ver te de fleurs et d'a ni maux, les ar bres char gés de fruits : c'est Dieu qui a fait tout ce la ; lui seul est tout puis sant. Pour plai re à Dieu, il faut que cha cun fas se son de voir.

Le devoir d'un enfant est d'obéir à ses parents, de chercher tout ce qui peut leur faire plaisir.

Les hommes ont été faits pour s'aimer; ils sont réunis en société pour se rendre service les uns aux autres.

Ce lui qui ne veut. étre u ti le à per son ne est in-di gne de vi vre a vec les au tres hom mes.

Les mi li tai res dé fen dent l'état; les ju ges font rendre à cha cun ce qui lui est dû; les marchands pro cu rent tout ce dont on a be soin ; les ouvriers le pré pa rent.

Les prê tres sont les gar di ens de la mo ra le.

Les sa vants ex pliquent les mer veilles de la na tu re; les ar tis tes nous en re pré sen tent les beau tés ; le phi loso phe est celui qui aime la sagesse, et qui fait tout pour elle. La sagesse d'un enfant le rend plus aimable; il fait avec plaisir ce qui lui est demandé,

Il faut être bon père, bon fils, bon ami, bon époux et obéir aux lois

La vérité est si

belle ! Ne mentez jamais : on ne croit plus ce lui qui a men ti une fois, quand mê me il dit la vé ri té.

La co lè re nous rend pa reils aux a- ni maux fé ro ces qui se jettent sur ce qu'ils trouvent.

PETITES PHRASES FACILES.

Dieu a tout fait; il punit les méchans il récompense les bons.

Le feu brûle.

Il faut aimer tout le monde.

Ne pas pleurer; être obéissant et propre; il ne faut pas faire de mal aux animaux.

Ne mangez pas trop.

Soyez doux; ne salissez pas vos habits.

Serrez vos joujoux pour les retrouver.

Soyez complaisant.

On se moque des petits ignorans.

On aime les petits savans; les paresseux meurent de faim quand ils sont vieux.

PETITES PHRASES
UN PEU PLUS LONGUES,
TIRÉES DE L'ÉCRITURE SAINTE.

Enfans, obéissez à vos pères, à vos mères, en ce qui est selon le Seigneur, car cela est juste.

Honorez votre père et votre mère, afin que vous soyez heureux, et que vous viviez long-temps sur la terre.

Portez honneur et respect à ceux qui ont les cheveux blancs.

Vous aimerez le Seigneur votre Dieu, de tout votre cœur, de toute votre ame et de tout votre esprit.

Rien ne manque à ceux qui craignent le Seigneur.

Le juste est plus heureux avec le peu de biens qu'il possède, que les méchants avec leurs grands biens.

Vous aimerez votre prochain comme vous même.

Traitez les autres comme vous voudriez en être traité.

La crainte du Seigneur est le commencement de la sagesse.

Écoutez avec docilité ce que l'on vous dit, afin de bien comprendre et de donner une réponse sage et juste.

Instruisez-vous avant que de parler.

Mes enfants, ne parlez pas mal des uns et des autres : celui qui médit de son frère parle contre la loi.

Ne rendez à personne le mal pour le mal.

Celui qui ne veut point travailler, ne doit point manger.

L'homme est né pour le travail, comme l'oiseau pour voler.

Nous paraîtrons tous au tribunal de Dieu et chacun rendra compte de ses actions.

VOYELLES LONGUES ET BRÈVES.

Les voyelles longues sont celles sur lesquelles on appuie plus long-tems que sur les autres en les prononçant.

Les voyelles brèves sont celles sur lesquelles on appuie moins long-temps; par exemple : *a* est long dans *pâte*, pour faire du pain, et il est bref dans *patte* d'animal.

e est long dans *tempête*, et il est bref dans *trompette*.

i est long dans *gîte*, et bref dans *petite*.

o est long dans *apôtre*, et bref dans *dévote*.

u est long dans *flûte*, et bref dans *butte*,

Des Accents.

Pour marquer les différentes sortes d'*e*, et les voyelles, on emploie trois petits signes que l'on appelle accents ; savoir : l'accent aigu (´) qui se met sur les *e* fermés, comme *collé*, afin qu'on ne dise pas *colle*, et *paté*, pour qu'on ne dise pas *pâte*.

L'accent grave (`) se met sur les *e* ouverts, comme dans *mère* et *misère*, qu'il faut prononcer comme s'il y avait *maire*, *misaire*.

L'accent circonflexe (ˆ) se met sur les voyelles longues, comme dans *dôme*, *âge*, *côte*, etc.

Petit modèle de bonne conduite que doit imiter tout enfant qui veut se faire aimer de Dieu et de ses parents; ou la journée du petit Colin.

Aussitot que Colin était éveillé, son premier soin était de joindre ses petites mains et de remercier Dieu de lui avoir fait passer une bonne nuit. Ensuite, si son papa et sa maman étaient éveillés, il allait leur souhaiter le bonjour et les embrasser. Quand il était habillé, débarbouillé et ses petites mains lavées (car il faut observer que Colin n'aurait pas déjeûné ayant ses mains sales), il commençait par faire sa prière accoutumée, qui était de remercier Dieu d'avoir conservé la santé à son papa et à sa maman, et le prier de lui faire la grâce de passer la journée sans les fâcher. Après son déjeûner, Colin prenait son Abécédaire; il allait dans un petit coin pour ne pas être interrompu, et là il étudiait bien tranquillenent la petite leçon qu'on lui avait donnée la veille, et qu'il ne quittait pas sans la savoir : alors, bien content de lui, il allait la répéter à sa maman qui, pour récompense, l'embrassait et lui permettait de jouer jusqu'à l'heure du dîner. A dîner, Colin ne manquait jamais de dire son *Benedicite :* ensuite il mangeait beaucoup de soupe, quoiqu'il ne l'aimait pas trop ; mais il savait que cela lui faisait du bien, que cela était raisonnable, et qu'il contentait son papa et sa maman.

Après dîner, Colin remerciait Dieu de la nourriture qu'il lui avait accordée, il allait laver ses petites mains, et venait demander à sa maman la permission de jouer pendant une heure; ensuite il venait chercher sa petite leçon à étudier pour le lendemain. Colin, quoiqu'il fût bien petit, ne se serait jamais couché, quelque envie de dormir qu'il eût, sans faire sa prière du soir, parce que son papa et sa maman, qui étaient d'honnêtes gens, lui avaient appris de bonne heure que nous tenons tout de Dieu, et que c'est être bien ingrat que d'oublier de le remercier de tout le bien qu'il nous fait; et le petit Colin disait toujours, après sa prière : Je vous remercie aussi, mon Dieu, de m'avoir donné un si bon papa et une si bonne maman. Cela était d'autant plus gentil, qu'on ne lui avait pas appris cette petite prière : Il faut avouer que le petit Colin était bien récompensé d'une si bonne conduite; car non-seulement il avait le bonheur de se voir chéri de ses bons parents; mais tout le monde l'aimait, le caressait, et le donnait pour modèle aux autres enfants. Et tous ceux qui l'ont imité ont été aimés, chéris et fêtés comme lui. Lorsque Colin sut lire passablement, son papa, qui voulait lui faire aimer la lecture, lui acheta, en différentes fois, les petits ouvrages les plus propres à l'amuser et à l'instruire; tels que *les Contes à ma petite Fille et à mon petit Garçon*, pour les amuser, les instruire et les corriger des petits défauts de leur âge, 1 vol. in 12, gros caractère, orné de 24 jolies figures.

Histoire de M. Croque-Mitaine et de Brique-à-braque, etc., 1 vol. in 18, gros caractère, orné de 8 figures.

Contes et Historiettes, 1 vol. in 18, orné de 24 jolies figures.

Nouveaux choix de jolies Historiettes intéressantes et morales, 1 vol in 18, orné de 4 figures. *L'Histoire de France*, etc. Tous ces livres, et beaucoup d'autres dans le même genre, sont bien imprimés en gros caractère, sur beau papier, et tous ornés d'un grand nombre de jolies figures, très-propres à amuser et instruire les enfans. On les vend à bon compte chez le même libraire, rue du Foin Saint-Jacques, N° 11. On y trouve aussi les plus jolis livres qu'on ait encore faits, en Piété, Éducation, Histoire, etc., pour donner en présent au jour de l'an, aux mariages, aux fêtes, et en prix dans les pensions.

PRIÈRES DU MATIN.

Mon Dieu, je vous donne mon cœur; prenez-le, s'il vous plaît, et faites, par votre grâce, qne nulle créature ne le possède que vous seul.

L'Oraison Dominicale.

No-tre Pè-re, qui ê-tes dans les Ci-eux, que vo-tre nom soit sanc-ti-fié. Que vo-tre rè-gne ar-ri-ve. Que vo-tre vo-lon-té soit fai-te en la ter-re com-me au Ci-el. Don-nez-nous au-jour-d'hui no-tre pain de cha-que jour. Et par-don-nez-nous nos of-fenses, com-me nous par-don-nons à ceux qui nous ont of-fensés. Et ne nous a-ban-don-nez point à la ten-ta-tion ; mais dé-li-vrez-nous du mal. Ain-si soit-il.

La Salutation Angélique.

Je vous sa-lue, Ma-rie plei-ne de grâ-ces, le Sei-gneur est a-vec vous ; vous ê-tes bé-nie en-tre tou-tes les fem-mes, et Jé-sus, le fruit de vos en-trail-les, est bé-ni.

Sain-te Ma-rie mè-re de Dieu, pri-ez pour nous pau-vres pé-cheurs, main-te-nant, et à l'heu-re de no-tre mort. Ain-si soit-il.

Acte de Foi.

Mon Dieu, je crois fermement tout ce que votre sainte Église Catholique croit ; parce que c'est vous, ô Vérité infaillible, qui l'avez dit.

Acte d'Espérance.

Mon Dieu, j'espère le pardon de mes péchés et mon salut, par votre miséricorde et par les mérites infinis de notre Seigneur Jésus-Christ notre Sauveur.

Notre Père, etc.

Acte de Charité.

Mon Dieu, faites-moi la grâce de vous aimer de tout mon cœur, de toute mon ame, de toutes mes forces, et mon prochain comme moi-même, pour l'amour de vous.

PRIÈRES DU SOIR.

Nous vous supplions Seigneur, de visiter cette demeure, et d'en éloigner toutes les embûches du démon; que vos saints anges y habitent, pour nous y conserver en paix, et que votre bénédiction demeure toujours sur nous, par Jésus-Christ notre Seigneur. Ainsi soit-il.

Le symbole des Apôtres.

Je crois en Dieu le Pè re tout-puis sant, Cré a teur du Ci el et de la Ter re. Et en Jé sus-Christ son Fils u ni que, no tre Seigneur, qui a été con çu du Saint-Es prit, et est né de la Vi er ge Ma rie. Qui a souf fert sous Pon ce-Pi la te, a é té cru ci fié, est mort, et a é té en se ve li. Qui est des cen du aux en-fers, et le troi siè me jour est res sus-ci té des morts. Qui est mon té aux ci eux, et est as sis à la droi te de Dieu, le Pè re tout puis sant. Et qui de là vien dra ju ger les vivants et les morts.

Je crois au Saint-Es prit ; la sain te E gli se catho li que ; la com mu nion des Saints ; la ré-mis si on des pé chés ; la ré sur rec ti on de la chair, la vie é ter nel le. Ain- si soit-il.

La Confession des péchés.

Je me con fes se à Dieu tout-puis sant, à la bien heu reu se Ma rie, tou jours Vier ge à saint Mi chel Ar chan ge, à saint Jean-Baptiste, aux A potres saint Pier re et saint Paul, et à tous les Saints par ce que j'ai beau coup pé ché par pen sées par pa ro les, et par acti ons. J'ai pé ché par ma fau te, par ma très gran de fau te. C'est pour quoi je sup plie la bien heu reu se Ma rie tou jours Vi er ge, saint Mi chel Ar chan ge, saint Jean Bap tis te, les Apô tres saint Pier re et saint Paul, et tous les Saints, de pri er pour moi le Sei gneur no tre Dieu.

Prières pour les vivants et pour les morts.

Répandez, Seigneur, vos bénédictions sur mes parents, mes bienfaiteurs, mes amis et mes ennemis. Protégez tous ceux que vous m'avez donnés pour maîtres, tant spirituels que temporels ; secourez les pauvres, les prisonniers, les affligés, les voyageurs, les malades et les agonisants.

Prière avant le repas.

Que la main de Jésus-Christ nous bénisse, et la nourriture que nous allons prendre.

Au nom du Père, etc.

Prières après le repas.

Nous vous rendons grâces pour tous vos bienfaits, et principalement pour la nourriture que vous venez de nous donner, ô Dieu tout-puissant, qui vivez et régnez dans tous les siècles des siècles. Ainsi soit-il.

TABLEAU DES CHIFFRES.

	Chiffres Arabes.	Chiffres Romains.
Un.	1	I.
Deux.	2	II.
Trois.	3	III.
Quatre.	4	IV.
Cinq.	5	V.
Six.	6	VI.
Sept.	7	VII.
Huit.	8	VIII.
Neuf.	9	IX.
Dix.	10	X.
Onze.	11	XI.
Douze.	12	XII.
Treize.	13	XIII.
Quatorze.	14	XIV.
Quinze.	15	XV.

Chiffres Arabes.		Chiffres Romains.
Seize.	16	XVI.
Dix-sept.	17	XVII.
Dix-huit.	18	XVIII.
Dix-neuf.	19	XIX.
Vingt.	20	XX.
Vingt-et-un.	21	XXI.
Vingt-deux.	22	XXII.
Vingt-trois.	23	XXIII.
Vingt-quatre.	24	XXIV.
Vingt-cinq.	25	XXV.
Vingt-six.	26	XXVI.
Vingt-sept.	27	XXVII.
Vingt-huit.	28	XXVIII.
Vingt-neuf.	29	XXIX.
Trente.	30	XXX.
Quarante.	40	XL.
Cinquante.	50	L.
Soixante.	60	LX.
Soixante-dix.	70	LXX.
Quatre-vingt.	80	LXXX.
Quatre-vingt-dix.	90	XC.
Cent.	100	C.
Qautre cents.	400	CD.
Cinq cents.	500	D.
Mille.	1000	M.

DE L'ÉCRITURE.

Deux choses sont indispensables pour bien écrire, et nous ne saurions trop les recommander aux enfants ; c'est la bonne position du corps, et la tenue de la plume.

De la position du corps.

Pour écrire aisément et avec grâce, il est nécessaire que le siége et la table soient disposés de manière qu'étant assis, les coudes se posent aisément sur la table. Le corps doit être placé droit devant la table, sans que l'estomac y touche ; le siége doit porter tout le poids du corps, de sorte que les deux avant-bras posent légèrement sur la table, observant de ne point renverser le corps à gauche ou à droite. Le poignet doit être un peu élevé, de sorte qu'il y ait un peu de jour sous la main, qui doit être entièrement supportée par l'auriculaire et l'annulaire, c'est-à-dire, par le petit doigt et le doigt suivant. L'auriculaire doit être entièrement placé sous l'annulaire ; ils seront, dans cette position, et dans leur extrémité, séparés des autres d'un travers de doigt ou environ, et leur point doit être un peu en arrière de la première phalange du pouce, de façon qu'ils puissent glisser avec facilité. La régularité et la vitesse de l'écriture dépendent en grande partie de la bonne situation de ces deux doigts, qui doivent continuellement soutenir la main ; en sorte qu'elle n'incline ni à droite ni à gauche, pour que les effets de la plume soient toujours uniformes.

Toutes les situations devant être libres et naturelles, la disposition des bras détermine celle des jambes ; c'est-à-dire que pour écrire sans gêne ni contrainte, en donnant au corps toute la force et l'équilibre, il faut que la jambe gauche soit placée en avant, et la droite un peu en arrière sous la table, l'une ou l'autre sans être croisée, les pieds dans leur situation naturelle.

De la manière de tenir la Plume.

On doit tenir la plume avec le pouce et le doigt majeur (celui du milieu de la main) ; ce dernier doit être tenu allongé, sans raideur ; l'index (le doigt voisin du pouce) doit être allongé comme le doigt majeur, et posé légèrement sur la plume. Le pouce doit être plié : de sorte que son extrémité se trouve vis-à-vis le milieu de la première phalange de l'index. On doit observer de ne point trop serrer la plume ; cette habitude est très-mauvaise, en ce qu'elle empêche la flexibilité du pouce, et contribue beaucoup à rendre l'écriture lente, dure et pesante.

IDÉE DE L'UNIVERS,

Ou petit tableau des premières connaissances qui doivent précéder et faciliter l'étude de la Géographie et de l'Histoire.

PREMIÈRE LEÇON.

On appelle Univers tout ce qui existe, c'est-à-dire tout ce que nous voyons et ce que nous ne pouvons voir, le ciel, les étoiles, le soleil, la lune, la terre, et tous les êtres qui l'habitent. L'Univers est l'ouvrage de Dieu. Il l'a fait ou créé en six jours. Le premier jour il a créé la lumière ou le soleil ; le second jour il a fait le ciel ; le troisième jour il a créé la terre que nous habitons ; le quatrième jour il a fait la lune, les étoiles, et tous ces astres lumineux et brillants que nous voyons au ciel pendant la nuit ; le cinquième jour il a créé tous les animaux qui sont sur la terre, dans les eaux et dans les airs ; et le sixième et dernier jour Dieu a créé l'homme et la femme, qui sont les êtres les plus parfaits, lorsqu'ils observent la loi du Seigneur, qui leur commande d'être bons, justes, travailleurs, économes et reconnaissants envers Dieu pour tous les biens qu'ils en reçoivent.

IIe LEÇON.

De tout ce qui compose l'Univers, c'est la terre qu'il nous est le plus nécessaire de connaître, parce que nous l'habitons. La terre est une grosse et énorme boule ; elle est divisée ou partagée en deux parties, l'une qu'on nomme le Continent, qui est la terre sur laquelle nous marchons ; et l'autre qu'on nomme la Mer, qui est ce grand amas d'eau sur lequel vont les vaisseaux.

IIIe LEÇON.

Le terre, qu'on nomme aussi le Continent, est divisée ou partagée en quatre grandes parties qu'on appelle les quatre parties du monde. La première, qui est celle que nous habitons, se nomme Europe ; c'est pourquoi on nous appelle Européens. La seconde partie se nomme Asie ; on appelle Asiatiques ceux qui l'habitent. La troisième partie se nomme Afrique ; on appelle ses habitants Africains. La quatrième et dernière partie se nomme Amérique ; c'est pourquoi on appelle ses habitants Américains.

IVe LEÇON.

Europe.

L'Europe, qui est la plus petite des quatre parties du monde, est appelée la première, à cause qu'elle est plus habitée que les autres, et que ses habitants sont généralement plus doux, plus polis et plus instruits que ceux des trois autres parties du monde.

L'Europe, cette partie de la terre, est elle-même partagée en beaucoup de parties plus ou moins grandes, qu'on appelle Empires, Royaumes et Républiques.

Ve LEÇON.

On appelle Empire, une partie de terre ou pays, qui est gouvernée par un chef qu'on nomme Empereur. On appelle Royaume, un pays où le chef est appelé Roi ; et on nomme République, un pays gouverné par plusieur hommes, qu'on nomme ordinairement Sénateurs.

VIe LEÇON.

J'ai dit plus haut que la terre est partagée en quatre parties nommées Europe, Asie, Afrique, et Amérique ; que l'Europe est la partie que nous habitons, et que cette première partie est elle-même partagée en plusieurs pays plus ou moins grands, **nommés** Empires, Royaumes et Républiques. Ces pays ont chacun leur nom pour les distinguer comme le Royaume de France, l'Empire d'Allemagne, l'Empire de Russie; les Royaumes d'Italie, des Deux-Siciles, d'Angleterre, de Prusse, celui de Suède, d'Espagne, etc., etc.; la République Hélvétique, etc.

De tous ces pays, nous habitons le plus **considérable** et le meilleur, qu'on **nomme** le royaume Français.

VIIe LEÇON.

De la Géographie.

On appelle Géographie la description du monde. On apprend la Géographie pour connaître, 1° la position, la grandeur et la population des quatre parties du monde; 2° le nombre et les noms des Empires, Royaumes et Républiques qu'elles renferment; 3° le nombre de villes et d'habitants qui composent chaque gouvernement ; 4° les descriptions des habitants, c'est-à-dire s'ils sont grands ou petits, blancs, noirs ou jaunes, bons ou méchants, savants ou ignorants, etc., etc.(1).

VIIIe LEÇON,

De l'Histoire.

L'Histoire est le récit véritable des événements passés. On apprend l'histoire pour savoir, 1° comment le monde a été créé ; 2° comment se sont formés les Empires, Royaumes et Républiques ; 3° et enfin ce qui s'est passé de remarquable dans chaque Empire, Royaume et République, depuis leur établissement.

Pour faciliter aux enfants l'étude de la Géographie, de l'Histoire Sainte, de l'Histoire de France, etc. de la Mythologie, de l'Histoire Na-

---

(1) Nous ne saurions trop recommander aux Parents l'excellent ATLAS des enfants, qui se vend chez les mêmes libraires, rue du Foin Saint-Jacques, n° 11.

turelle et autres, dont tout enfant bien élevé doit avoir une idée, on en a fait d'excellents abrégés bien faciles à comprendre et à retenir, et tous imprimés en gros caractère, sur beau papier, et ornés chacun de beaucoup de jolies figures propres à intéresser les enfants et à leur faire aimer la lecture. Tous ces abrégés, de format in-12 et du prix de 15 à 20 sols chacun, se trouvent à Paris, chez les mêmes Libraires, rue du Foin Saint-Jacques, n° 11.

Leur adresse doit être au bas de chaque volume.

PETITES LEÇONS D'ARITHMÉTIQUE.

Pour bien compter, il faut connaître les chiffres et les quatre règles fondamentales du calcul, qui sont : l'Addition, la Soustraction, la Multiplication et la Division.

Il y a dix chiffres dont voici les noms.

1	2	3	4	5
un	deux	trois	quatre	cinq
6	7	8	9	0
six	sept	huit	neuf	zéro

Première règle. L'ADDITION.

Additionner, veut dire assembler.—Si l'on te donnait d'abord une prune, ensuite trois prunes, et après deux prunes, et qu'on te demandât combien tu as de prunes, voici comment il faudrait les poser pour en faire l'addition :

Reçu la première fois,	1 prune.
La seconde fois,	3 prunes.
Et la troisième fois,	2 prunes.
Total.....	6 prunes.

Pour les additionner, tu diras 1 et 3 font 4, 4 et 2 font 6.

Seconde règle. LA SOUSTRACTION.

Soustraire, veut dire ôter.—Si des 6 prunes qu'on t'a données, on en ôtait 2, combien t'en resterait-il ? Voilà comment il faut faire pour le savoir.

Tu diras : on m'a donné 6 prunes.
On m'en ôte 2. Qui de 6, ôte 2
_____
reste..... 4

Troisième règle. LA MULTIPLICATION.

Multiplier, veut dire augmenter. Si vous étiez trois enfants, et qu'on voulût vous donner à chacun 4 prunes pour déjeûner, combien en faudrait-il ? Pour le savoir, tu diras.

    à   3 enfants
  donner   4 prunes.

Il en faut 12, parce que 3 fois 4 prunes font 12 prunes.

Quatrième règle. LA DIVISION.

Diviser, veut dire partager.—Si, quand les 12 prunes ont été apportées, il était venu un petit camarade déjeûner, il aurait bien fallu partager aussi ces 12 prunes avec lui, et alors vous n'auriez pu en avoir chacun 4. Combien donc, en partageant les 12 qrunes entre quatre enfants, chacun en aurait-il eu ?

Pour le savoir il faut dire | divisé par 4
                            12 |———
                                | donne

Parce qu'en 12 il y a 3 fois 4.

Pour te faciliter dans la multiplication, je vais te dresser une table ou produit de tous les nombres, deux à deux, depuis 1 jusqu'à 9, inclusivement.

1	2	3	4	5	6	7	8	9
2	4	6	8	10	12	14	16	18
3	6	9	12	15	18	21	24	27
4	8	12	16	20	24	28	32	36
5	10	15	20	25	30	35	40	45
6	12	18	24	30	36	42	48	54
7	14	21	28	35	42	49	56	63
8	16	24	32	40	48	56	64	72
9	18	27	36	45	54	63	72	81

Suppose, mon ami, que tu veuilles savoir combien, par exemple, font 7 fois 6 : cherche la case qui répond à 7 dans le premier rang horizontal supérieur, et à 6 dans le premier rang vertical de la gauche (ou réciproquement) ; le nombre 42 de cette case sera le produit cherché, et ainsi des autres.

IMPRIMERIE DE GUYOT-ROBLET, RUE DES DEUX-ANGES, N° 13.

FABLES D'ESOPE.

L'ANE ET LE CHIEN.

Un Ane voyageoit accompagné d'un Chien, tous deux suivis d'un commun maître. Celui-ci s'endormit : l'Ane se mit à paître ; il trouva des chardons dont il se régala : le Chien mourant de faim, et qu'un tel mets ne pouvoit satisfaire, pria l'Ane de se baisser un peu et de lui laisser prendre son dîner dans le panier au pain. L'Ane fit long-temps la sourde oreille, crainte de perdre un coup de dent, enfin il répondit : Ami, je te conseille d'attendre que ton maître soit éveillé; il ne sauroit tarder beaucoup, et ne manquera pas de te donner ta portion accoutumée. Sur ces entrefaites un Loup parut et vint droit à l'Ane, qui appela aussitôt le Chien à son secours. Celui-ci ne bouge et dit : Ami, je te conseille de fuir en attendant que ton maître soit éveillé; il ne sauroit tarder beaucoup, et ne manquera pas de te défendre. Pendant ce beau discours, le Loup étrangla sans remède le Baudet.

MORALE.

Cette fable nous fait voir qu'il faut obliger son prochain, si l'on veut qu'il nous oblige à son tour.

LE LION ET LE RAT.

Un Rat, sorti de terre assez à l'étourdie, se trouva entre les pattes d'un Lion, qui eut la générosité de lui laisser la vie. Celui-ci trouva bientôt occasion de sauver aussi celle de son bienfaiteur : le Lion quelque temps après se trouva pris dans des filets; la forêt retentit aussitôt de ses rugissemens: le Rat accourut, et se mettant à ronger maille par maille, parvint bientôt à le délivrer.

MORALE.

Un bienfait n'est jamais perdu.

LE CHEVAL ET LE LION.

Un vieux Lion qui ne pouvoit plus chasser avec la même vitesse et le même succès, auroit bien voulu faire curée d'un jeune et joli Cheval qu'il voyoit devant lui; mais désespérant de réussir par la force, il résolut d'employer la ruse. C'est pourquoi il s'avisa de contrefaire le médecin, et de lui demander des nouvelles de sa santé. Le Cheval, qui comprit la mauvaise intention du Lion, lui répondit qu'il ne se portoit pas trop bien; que passant par un hallier il lui

Le Cheval et l'Ane.

Le Cheval et le Lion.

Le Lion et le Rat.

étoit entré une épine dans le pied. S'il n'y a que cela, repartit le faux médecin, vous n'avez qu'à lever un peu la jambe, je vous la tirerai. Le Cheval accepta l'offre, et voyant le Lion dans la posture qu'il souhaitoit, il lui détacha au milieu du front une si terrible ruade, qu'il l'étendit par terre dans son sang et désespéré d'avoir manqué son coup.

MORALE.

Les méchans sont toujours punis de leurs mauvai desseins.

LE RENARD ET LE BOUC.

Le Renard et le Bouc étant en voyage et pressés par la soif, descendirent ensemble dans un puits pour s'y désaltérer. Après qu'ils eurent bu, il fallut songer à sortir ; le puits étoit assez profond et le Bouc ne savoit quel moyen employer pour regagner le haut. Il n'y a rien de si facile, dit le Renard ; dressez-vous contre la muraille, ensuite grimpant le long de votre échine, vos cornes m'aideront à sauter dehors, après quoi je vous en tirerai à votre tour. Le Bouc approuva l'expédient, et fit si bien que le Renard sortit; mais celui-ci ne se vit pas plutôt au large, qu'il se moqua de son compagnon. Si vous aviez seulement, dit-il, la moitié autant de cervelle que vous avez de barbe au menton, vous auriez songé aux moyens de sortir du puits avant d'y descendre.

MORALE.

Cela nous montre qu'il faut toujours réfléchir à ce qu'on fait, et ne pas faire société avec des méchans.

LE PÊCHEUR
ET LE PETIT POISSON.

Un pêcheur ayant jeté sa ligne, ne tira qu'un petit Poisson. Celui-ci représenta sa petitesse, et pria le pêcheur de le lâcher; je vous fais le serment, disoit-il, de revenir dans quelques semaines : alors je serai beaucoup plus gros, et vous ferez un plus grand profit; au lieu qu'actuellement c'est tout au plus si je puis entrer dans un plat de goujons. Je ne sais pas, répondit le Pêcheur, si tu serois assez sot pour revenir, mais je sais bien que je ne le suis pas assez pour m'y fier, et pour lâcher ce que je tiens pour ce que je dois avoir.

MORALE.

Il ne faut pas quitter ce qu'on a, pour l'espoir d'avoir mieux.

LE RENARD

ET LA CIGOGNE.

Le Renard invita un jour à dîner sa commère la Cigogne: celle-ci accepta volontiers, et se rendit à l'heure marquée au logis du Sire, où, après un accueil fort civil, il lui servit sur une assiette fort plate un brouet si clair, que la Cigogne au long bec ne pouvoit que becqueter, et presque toujours sans rien prendre. Le Renard, au contraire, lapa le tout en un moment, non sans rire du dépit de la Cigogne, qui se retira aussi piquée qu'affamée. A quelques jours de là, la Cigogne le pria de venir souper chez elle, et lui servit en un vase à long bec et d'étroite embouchure, de la chair hachée ; et profitant de l'avantage que lui donnoit son long bec, elle mangea tout à son aise, et se mit à rire à son tour du trompeur, qui fut réduit, pendant le repas, à lécher les bords du vase, et qui, mourant de faim, se retira avec sa honte.

MORALE.
Un trompeur est souvent trompé.

L'OISELEUR

ET LA PERDRIX.

Une Perdrix se voyant prise, offrit à l'Oiseleur d'attirer dans ses filets autant d'Oiseaux qu'elle pourroit, s'il vouloit lui laisser la vie. Non, non, dit-il, infâme, vous ne mourrez que plus tôt, puisque vous êtes si lâche que de vouloir trahir les autres pour vous sauver vous-même.

MORALE.

La trahison est le plus odieux de tous les crimes.

l'Oiseleur et la Perdrix.

Le Pêcheur et le Petit Poisson.

Le Père et ses Enfans.

LE PÈRE

ET SES ENFANS.

Un Père de famille avoit plusieurs Enfans brouillés entr'eux; comme il se vit dans une extrême vieillesse et assez proche de sa fin, il les fit appeler, et lorsqu'ils furent venus, il prit plusieurs baguettes et les lia ensemble; puis les donnant à l'aîné, il lui ordonna de les rompre. Celui-ci l'essaya, mais ses efforts furent vains; il les remet au second, et celui-ci au troisième, sans qu'aucun ait pu réussir. Le

Père reprit alors le faisceau, et l'ayant délié, en donna séparément les baguettes à ses Enfans, qui les cassèrent sans peine. Il en sera ainsi de vous, mes Enfans, dit le Vieillard; quand j'aurai quitté ce monde, si vous restez unis, rien ne pourra vous ébranler; mais dès que vous serez séparés, vous serez tellement affoiblis, que le moindre choc suffira pour vous abattre.

MORALE.

La force et le bonheur consistent dans l'union.

LE CHEVAL ET L'ANE.

Un Cheval et un Ane appartenant au même maître, voyageoient ensemble. L'Ane, beaucoup trop chargé, pria le Cheval de le soulager en prenant une partie du fardeau. Il s'y refusa ; et l'Ane succombant sous le poids, tomba par terre et mourut sur la place. Le maître mit alors sur le Cheval la charge tout entière, et encore la peau du Baudet. Le Cheval sentit alors, mais trop tard, la faute qu'il avoit faite; il porta les deux fardeaux.

MORALE.

Dans un besoin commun, soulage ton voisin ; car, s'il vient à succomber, ta perte suivra de près la sienne.

Le Chasseur et la Vipère.

La Cigale et la Fourmi.

Les deux Chèvres.

LE CHASSEUR

ET LA VIPÈRE.

Un Chasseur alloit tirer sur un oiseau, lorsqu'il sentit une vipère qui le piquoit au pied. Ah! s'écria l'homme, je n'ai que ce que je mérite; pourrai-je être surpris qu'on cherche à m'ôter la vie, tandis que je ne pense, moi, qu'à la ravir aux autres?

MORALE.

Si vous voulez que personne ne vous nuise, ne nuisez à personne.

LA CIGALE

ET LA FOURMI.

La Cigale ayant chanté tout l'été, se trouva, aux approches de l'hiver, dans une disette extrême ; elle eut recours à la Fourmi, qu'elle pria de lui prêter quelques grains pour subsister, lui promettant de les lui remettre au printemps. Que faisiez-vous donc dans la belle saison, lui demanda celle-ci, puisque vous n'avez fait aucune provision ? Je chantois jour et nuit, lui répondit la Cigale. Cela est très-bien, répliqua la Fourmi; mais puisqu'au lieu de remplir vos magasins, vous avez employé la moitié de l'année à chanter, vous pouvez fort bien employer l'autre à danser.

MORALE.

Cela nous fait voir que les paresseux meurent de faim, et qu'on se moque encore d'eux.

LES DEUX CHÈVRES.

Deux Chèvres, se promenant et grimpant chacune de leur côté, se trouvèrent au haut d'un rocher sur le bord d'un ruisseau qui n'avoit pour pont qu'une planche fort étroite. Ne voulant pas se céder l'une à l'autre, elles montèrent ensemble sur la planche et se rencontrèrent au milieu, où, faute de vouloir reculer, toutes deux tombèrent dans l'eau.

MORALE.

Cela nous fait voir que l'obstination produit souvent de grands malheurs.

LA VIEILLE

ET SES SERVANTES.

Tous les matins, le chant du coq avertissoit une vieille d'aller réveiller ses servantes pour prendre la quenouille, qu'elles ne quittoient que long-temps après le coucher du soleil, fatiguées de travail et d'insomnie. Les jeunes filles prirent le parti de tuer le coq, dans la persuasion que désormais elles dormiraient à leur aise. Elles se trompèrent; car, après la mort du coq, la vieille les réveilloit bien plus tôt que de coutume, craignant toujours qu'il ne fût trop tard pour se mettre à l'ouvrage.

MORALE.

Cette fable nous apprend qu'il faut bien réfléchir avant de quitter ce qu'on a, pour quelque chose qu'on croit meilleur

www.ingramcontent.com/pod-product-compliance
Lightning Source LLC
LaVergne TN
LVHW020954090426
835512LV00009B/1889